mama

Mama

papa

Papa

jongen

Junge

meisje

Mädchen

1

een

eins

2

twee

zwei

3

drie

drei

4

vier

vier

5

vijf

fünf

6

zes

sechs

7

zeven

sieben

8

acht

acht

9

negen

neun

10

tien

zehn

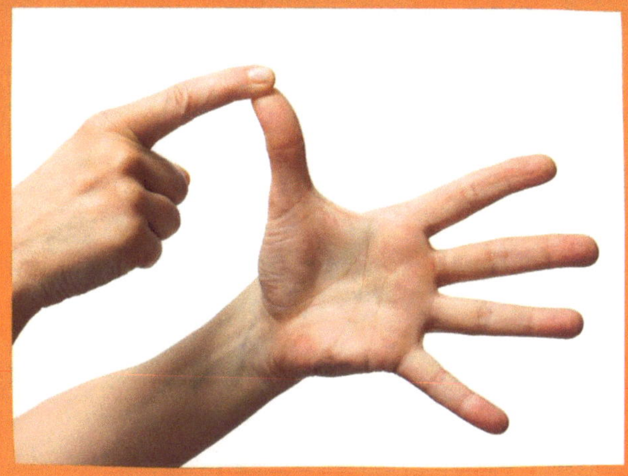

tellen

zählen

schrijven

schreiben

tekenen

zeichnen

schilderen

malen

cirkel

Kreis

rechthoek

Rechteck

vierkant

Quadrat

driehoek

Dreieck

ster
Stern

zwart
schwarz

wit
weiß

bruin
braun

rood

rot

blauw

blau

geel

gelb

groen

grün

paars

lila

grijs

grau

oranje

orange

roze

rosa

appel

Apfel

banaan

Banane

ananas

Ananas

watermeloen

Wassermelone

peer

Birne

druiven

Weintrauben

mango

Mango

perzik

Pfirsich

aardbei

Erdbeere

kers

Kirsche

sinaasappel

Orange

kokosnoot

Kokosnuss

citroen

Zitrone

paddenstoel

Pilz

maïs

Mais

tomaat

Tomate

pompoen

Kürbis

komkommer

Gurke

wortel

Karotte

aardappel

Kartoffel

courgette

Zucchini

spinazie

Spinat

bloemkool

Blumenkohl

ei

Ei

bord

Teller

lepel

Löffel

mes

Messer

vork

Gabel

taart

Kuchen

babyflesje

Babyflasche

snoepjes

Süßigkeiten

kaas

Käse

drinken

trinken

eten

essen

heet

heiß

koud

kalt

klein

klein

groot

groß

 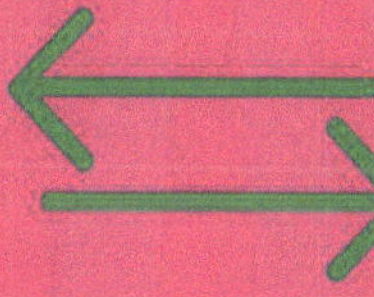 

kort

kurz

lang

lang

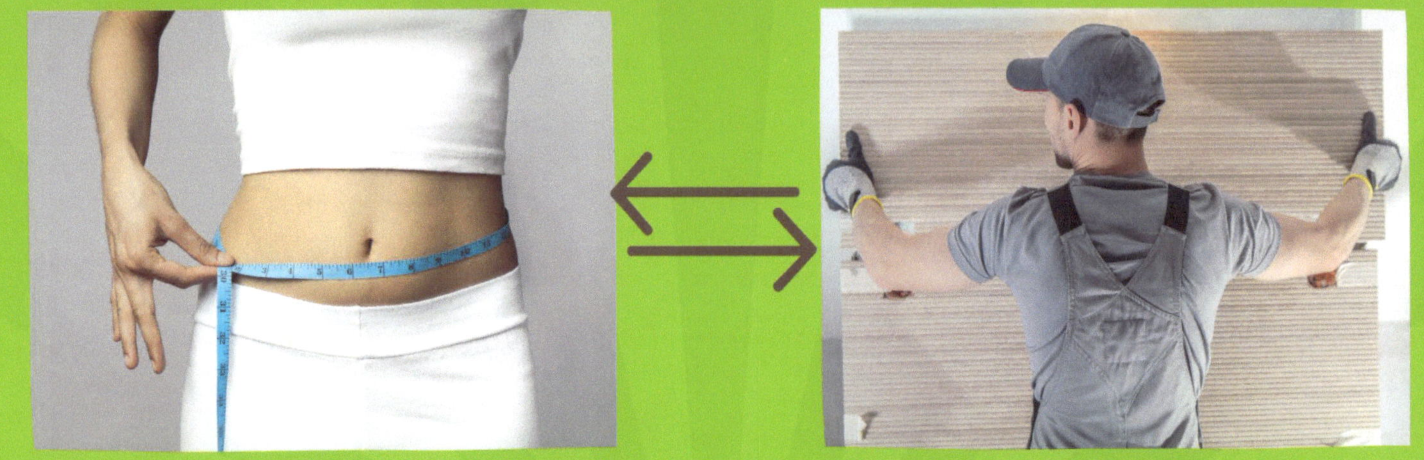

dun

dünn

groot

groß

makkelijk

leicht

moeilijk

schwierig

opstaan

aufstehen

zitten

hinsetzen

zoet

süß

zout

salzig

zwaar

schwer

licht

leicht

erin

in

eruit

aus

vies

schoon

dreckig

sauber

dicht

open

schließen

öffnen

potloden

Bleistifte

klok

Uhr

sleutel

Schlüssel

boek

Buch

bed

Bett

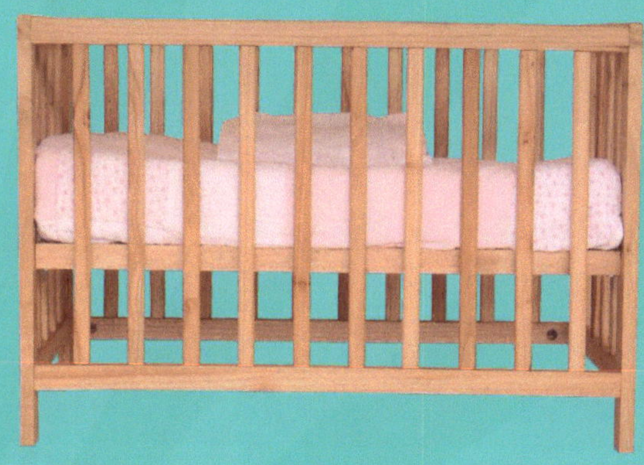

wieg

Krippe

tafel

Tisch

stoel

Stuhl

auto

Auto

fiets

Fahrrad

vliegtuig

Flugzeug

boot

Boot

trein

Zug

helikopter

Hubschrauber

brandweerwagen

Feuerwehrauto

brandweerman

Feuerwehrmann

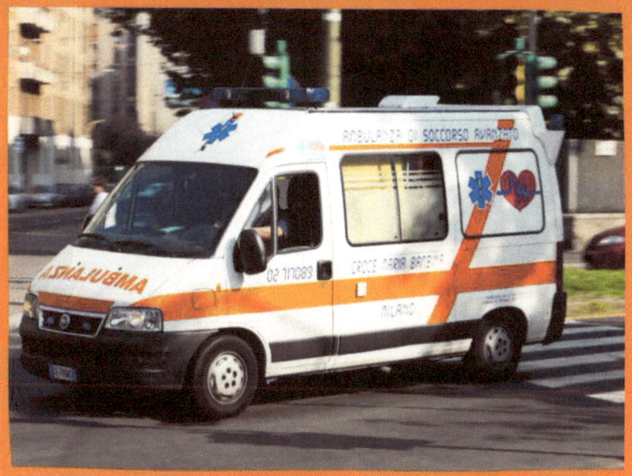

ambulance

Krankenwagen

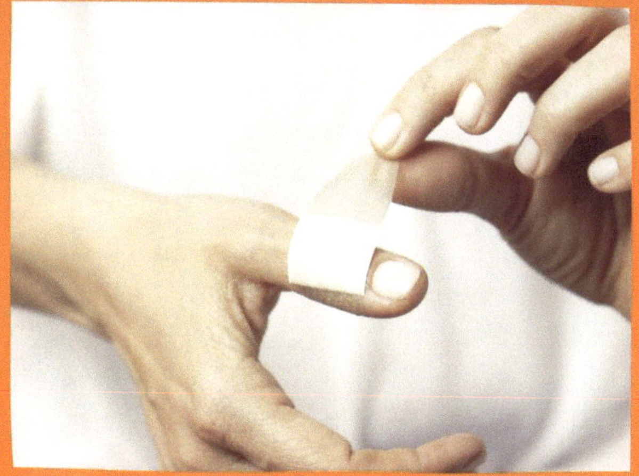

verband

Verband

paramedicus

Rettungssanitäter

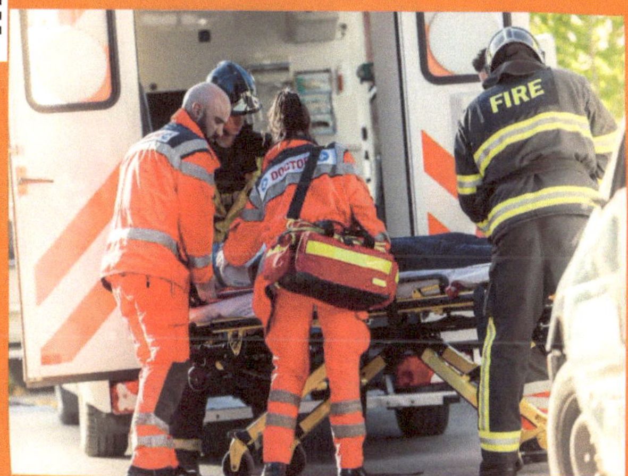

reddingsteam

Rettungsteam

bos

Wald

berg

Berg

gras

Gras

zand

Sand

boom

Baum

bloem

Blume

vlinder

Schmetterling

mier

Ameise

kat

Katze

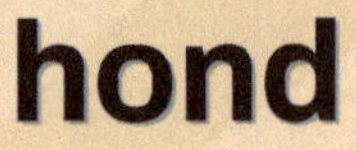

hond

Hund

paard

Pferd

muis

Maus

koe

Kuh

varken

Schwein

schaap

Schaf

eend

Ente

gans

Gans

konijn

Hase

vis

Fisch

dierenarts

Tierärztin

dokter

Doktor

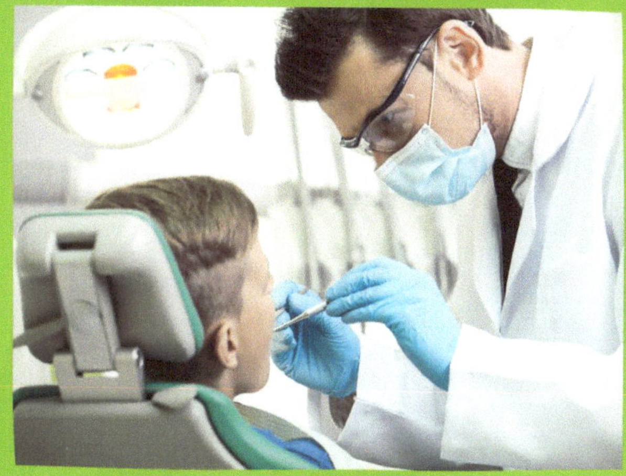

tandarts

Zahnarzt

apotheker

Apotheker

verpleegster

Krankenschwester

hoofd

Kopf

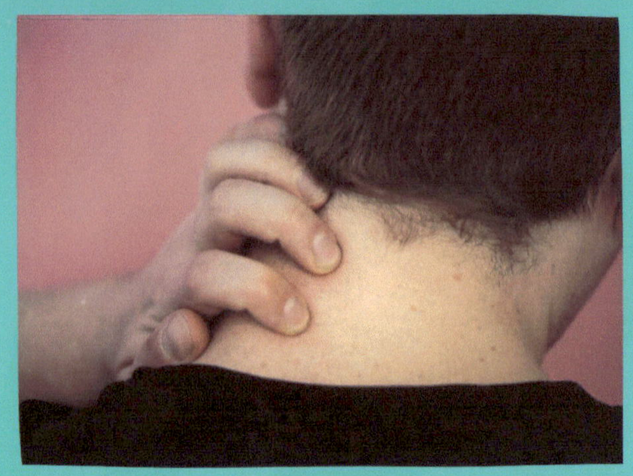

nek

Hals

voet

Fuß

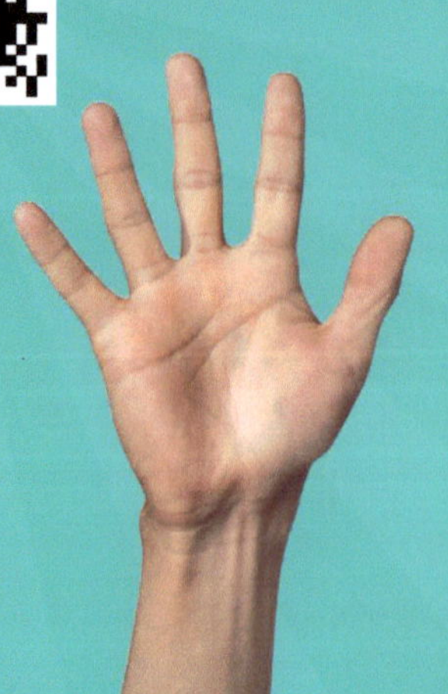

hand

Hand

tanden

Zähne

oog

Auge

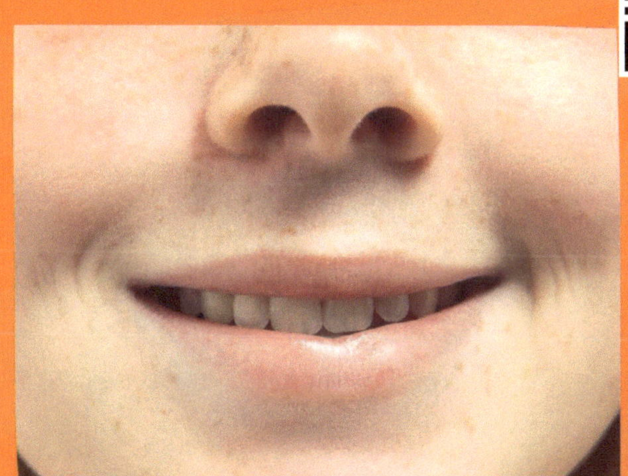

mond

Mund

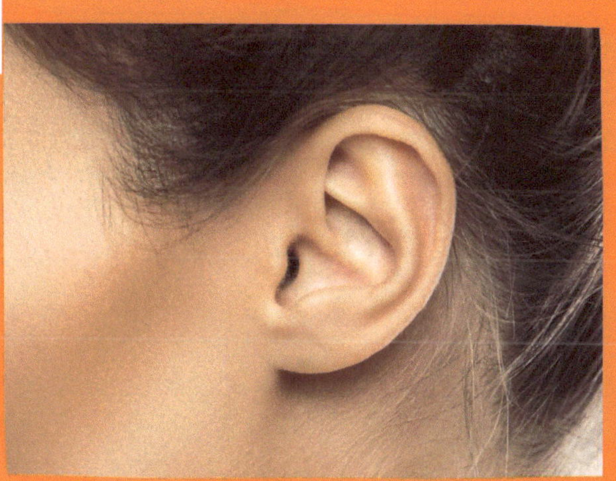

oor

Ohr

hoed

Hut

jurk

Kleid

broek

Hose

schoenen

Schuhe

jas

Mantel

sjaal

Schal

paraplu

Regenschirm

bril

Brille

zon

Sonne

bewolkt

wolkig

regenachtig

regnerisch

maan

Mond